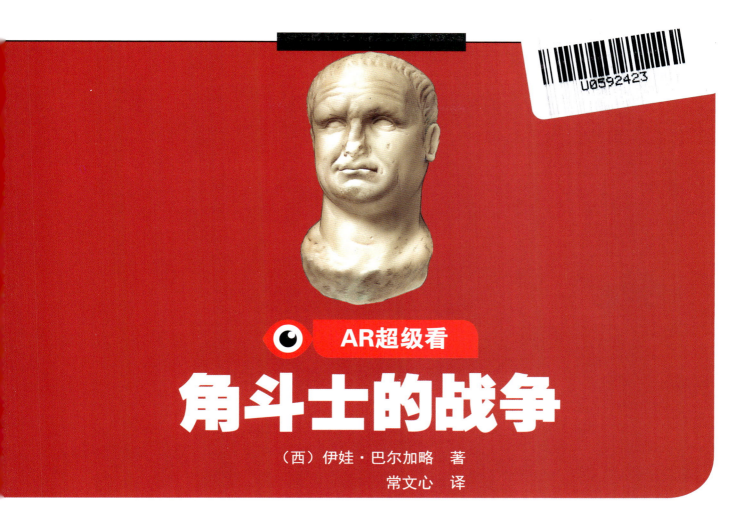

AR超级看

角斗士的战争

（西）伊娃·巴尔加略　著

常文心　译

辽宁科学技术出版社
·沈阳·

目录

这本书是讲什么的？

　　古罗马建立于公元前8世纪，公元5世纪灭亡，罗马文明是人类历史上最非凡、最具影响力的文明之一。罗马文明的杰出之处不仅在于它对政治制度的创新和在工程方面的伟大创举，还在于它在罗马帝国的各个角落成功地传播了自己的语言、法律和艺术。

　　因此，我们希望向青少年读者介绍这一璀璨文明的主要特色。本书首先以概要的方式作一个简明的介绍，然后通过11个主题带领读者进行一场时空之旅。这些主题首先将有一个简短的介绍，然后围绕着一张中心图片展开，详细介绍与图片相关的罗马历史文化的方方面面。此外，补充文本框还将对主题内容进行拓展和信息补充。

　　为了辅助阅读、充实内容，本书的最后两页收录了术语表、罗马历史主要人物表和重大政治及文化事件年表。在主题的选择上，我们把趣味性放在首位，因为本书的主要目标是唤醒读者对伟大文明历史的学习兴趣，而不是罗列大量的史实。同时，我们也鼓励读者进一步深化主题知识。

从7个山丘到庞大的帝国

罗马皇帝维斯帕先的
大理石半身像，发现
于古迦太基

王政时代（公元前753年—公元前509年）
罗马的建立

　　最初，罗马由伊特鲁里亚人统治，他们的领土在亚诺河、台伯河与伊特鲁里亚海之间，罗马的第一代君主称自己为国王。国王拥有至高无上的权力，能解释神谕。但是国王并非继承而来，而是由元老院推举，由库里亚大会选出。以上两个机构都由贵族或大家族的成员组成。

奥古斯塔街凯旋门，位于古罗马的塔拉科行省，现在是罗达德巴拉地区的一部分（西班牙，塔拉戈纳）

共和时代（公元前509年—公元前27年）
政治制度与官僚机构的发展

　　为了避免君主成为终身的绝对国王，罗马人决定废除国王制，转而发展一种能防止个人权力集中、保证公民参与政府决定的制度。在这种制度下，元老院和公民大会（此时库里亚大会已由公民大会所取代，新增了军事、农民和城市居民的代表）拥有立法权，执政官拥有行政权。一个复杂的官僚机构与行政网络逐渐形成，它的控制力甚至能延伸到最偏远的行省。

　　公元前450年，《十二铜表法》正式颁布。这部法典的内容在7个世纪后的卡拉卡拉改革中获得了补充，它赋予了罗马帝国全体居民罗马公民权。

　　这代表着政治思想的巨大进步，公民可以充分参与政府及其下属机构的决定。

　　但是，女人和奴隶仍不被允许参加政治活动或担任行政职务。

图拉真列柱的表面覆盖着螺旋形式的浮雕

这一阶段的罗马不仅在政治与行政方面丰富多彩。在军事与殖民方面，罗马自东向西、从南到北扩张了它的边境，征服了意大利半岛、古代的大希腊地区、伊比利亚半岛、希腊、高卢、迦太基、小亚细亚和埃及。

可悲的是，罗马人再也不能征服新的领地了。冲突和国内动乱导致了两个三人执政团的产生，即由三人共同执政。前三人执政团由庞培、恺撒和克拉苏组成，最后终止于恺撒的独裁，而恺撒也最终成了阴谋的牺牲品；后三人执政团由屋大维、安东尼和李必达组成。

帝国时代（公元前27年—公元476年）

奥古斯都与伟大梦想的曙光

屋大维在成功地摆脱了另两位三人执政团成员之后，被元老院授予"奥古斯都"的称号，而元老院也逐渐屈服，赋予他终身权力。这宣告着共和时代结束，帝国时代开始。

在公元前12年，人民选举"奥古斯都"屋大维作为大祭司长，从这一刻起，所有权力都集中在皇帝身上。尽管元老院仍然存在，自此之后，君主的头衔就变成世袭制了。

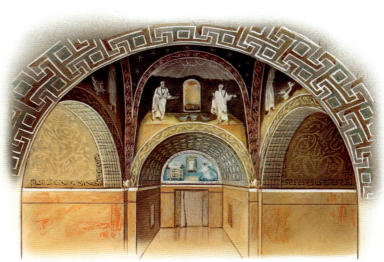

加拉普拉西蒂亚陵寝上的马赛克，拉韦纳，5世纪

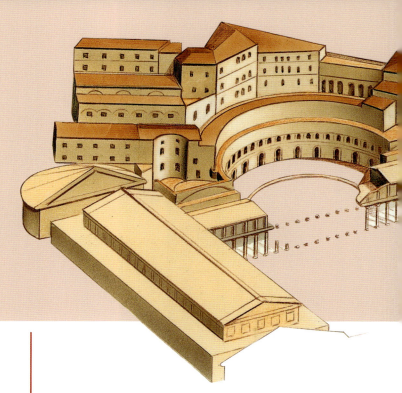

图拉真市场，由图拉真皇帝下令建造，位于广场旁，由大马士革的建筑师、工程师、雕塑家阿波罗·多罗斯设计

权力的滥用和国内斗争让罗马皇帝在250年后不得不颁布了政治制度改革计划：四帝共治制。这意味着权力由四人共享：两位皇帝和两位执政官。然而，君士坦丁皇帝重新恢复了早期的政治制度，又一次将权力集中在个人的手中。

内战和日耳曼部落对边境造成的压力促成了帝国的衰落。狄奥多西一世将帝国分给他的两个儿子——阿卡狄奥斯和霍诺里乌斯，前者获得了以君士坦丁堡为首都的东罗马，后者获得了西罗马。

在西罗马帝国，永恒之城罗马的首都地位被拉文那所取代，公元410年，罗马城被日耳曼人洗劫一空。66年后，西罗马的最后一位皇帝罗穆卢斯·奥古斯都被蛮族国王奥多亚塞废黜。这代表着人类文明史上最华美的篇章之一走到了尽头。

视觉艺术

希腊对罗马的视觉艺术和建筑都有深远的影响，罗马人复制了许多希腊的雕塑，也借鉴了希腊的建筑柱式，包括多利安式、爱奥尼亚式、科林斯式。

罗马人对视觉艺术的伟大贡献一部分在于半身雕塑和浮雕，另一部分在于建筑与景观中具有层次感和透视感的丰富造型。

蒂沃利的哈德良别墅，是哈德良皇帝建造的皇家住所

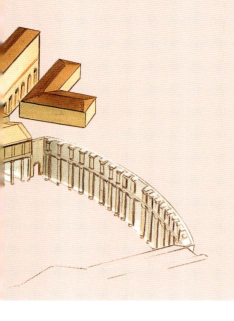

在建筑设计方面，罗马人既继承了希腊的经典柱式，又引入了全新的柱式——托斯卡纳式。这种柱式以极为简单的柱头和光滑的柱身为特色（左图）。此外，他们还创造了一种新的柱头——混合式。它结合了希腊的爱奥尼亚式和科林斯式（右图）

雕 塑

在雕塑方面，伟大的肖像雕塑家不仅能忠实地复制人物的面部特征，而且能捕捉人物个性。这种对人类面部的细致研究还体现在硬币的皇帝肖像上，尽管这些肖像大多是侧影，我们仍能从中体会到他们的心理状态。

浮雕通常覆盖在柱子、凯旋门、寺庙、墓碑等的表面。浮雕的主题取决于它们的位置，最常见的是神话故事、战争故事和统治者的事迹。

在公元前1世纪，住宅和公共建筑的室内常常采用壁画装饰。壁画的主题各种各样，以神话为主。景观和建筑元素的结合为这些场景带来了层次感和透视感。

马赛克主要覆盖天花板和墙壁，它从双色的二维平面进化成立体形式，并且形成了明暗对比画。许多保存至今的作品都让我们对罗马人的日常生活有了更全面的了解，例如他们的装饰喜好、习俗等。

公共建筑与私人建筑

罗马人知道如何利用从前的文化遗产来创造宏伟而实用的建筑。他们沿用了希腊人的建筑经典柱式和建筑结构，沿用了美索不达米亚人和伊特鲁里亚人的拱门和拱顶。

他们利用这些元素的组合和完善创造了新的结构和公共建筑，例如，罗马水渠、凯旋门、长方形会堂、圆形竞技场等。此外，他们的住宅设计考虑了居民的舒适度，并且在帝国各处建造了大量浴场，让人们尽情享受戏水、休闲和交谈的乐趣。

罗马的传奇创建史

罗穆卢斯与雷穆斯

在传说中，罗穆卢斯与雷穆斯两兄弟是战神玛尔斯和西尔维娅王后的儿子，他们被扔进了台伯河里。幸运的是，河水将他们送到了帕拉蒂尼山脚下，一只母狼发现了他们，并将他们哺育成人。这对双胞胎是亚伯隆加的努米托国王的外孙，努米托国王被他的兄弟阿姆利奥废黜之后，这对双胞胎帮助自己的外祖父重新夺回了王冠并决定建立一座新的城市——罗马。在针对罗马城选址的争执中，罗穆卢斯杀死了他的弟弟，最终建成了这座直达帕拉蒂尼山脚下的城市。

7个山丘

在现实中，罗马起源于分散在台伯河南岸7个山丘上的小村庄，这7个山丘分别是：卡匹托尔山、奎里纳尔山、维米纳尔山、埃斯奎林山、西莲山、阿文丁山和帕拉蒂尼山。

伊特鲁里亚人与他们死后的生活

给伊特鲁里亚人陪葬的精美石棺、浮雕和绘画反映了他们死后的幸福生活。上图为切尔韦泰里的石棺，它展示了一对躺在床上的夫妇。

伊特鲁里亚人

伊特鲁里亚人来自小亚细亚，在公元前7世纪入侵了台伯河谷。他们对罗马的统治约为150年。

强掳萨宾妇女

传说，为了让罗马人口繁盛，罗穆卢斯从萨宾人那里强掳妇女。这一事件引发了战争，战争最后以两国人民的联盟而告终。

罗穆卢斯

传说中建立罗马城的神话人物，是罗马的第一任国王。在神秘消失之后，他被称为神。

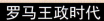

元老院

随着城市的发展，国王不得不委派一些元老来帮助行使他的职责。元老院成员由罗马的第一代居民传承下来。

伊特鲁里亚的秘文

许多来自伊特鲁里亚时代的陪葬碑文都由类似于希腊文的字母从右向左书写。遗憾的是，我们至今无法破译它们的全部意义。

卡匹托尔母狼

这个雕像展现了哺育罗穆卢斯和雷穆斯的母狼，由伊特鲁里亚人在公元前6世纪—公元前5世纪制作。两兄弟是在文艺复兴时期后加上的。

罗马王政时代

在这个时代，王权并不是世袭的，未来的国王由元老院推举，由库里亚大会选举出来。国王拥有至高无上的权力。

罗穆卢斯：公元前753年—公元前716年
努马·庞皮留斯：公元前716年—公元前673年
图路斯·荷提留斯：公元前673年—公元前641年
安古斯·马奇路斯：公元前641年—公元前616年
卢修斯·塔克文·普里·斯库：公元前616年—公元前578年
塞尔维乌斯·图利乌斯：公元前578年—公元前534年
卢修斯·塔克文·苏佩布：公元前534年—公元前509年

罗马广场——政治的中心

你知道"共和"一词来自于拉丁文的"respublica"，意为"公共事务"吗？公元前509年，罗马结束了它的王政时代，开创了新的政府时代——共和时代。共和制度的目标是权力共享，避免权力的滥用。国王的角色被两名领导军队的执政官所取代，每年进行一次选举。

罗马帝国

在罗马元老院授予屋大维"奥古斯都"称号之后，罗马帝国正式开始。至此，皇帝的称号（拉丁文意为"发号施令的人"）变为世袭。

元老院

最初由300名元老组成，他们针对重大的政治决定共同进行研讨并发表自己的观点。

罗马广场

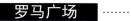

广场是罗马城市的中枢。最重要的政府建筑都围绕着它展开。

行政长官

由高级官员组成，包含2名执政官、2名裁判官、4名营造官和4名财务官,他们管理并指导政策方针。

执政官

指挥部队，并且履行法官和财政官的职责。

裁判官

充当高级地方法官，负责处理公民与公民、公民与外国人之间的纠纷。

传统的社会

罗马社会由贵族家族统治，他们垄断了政治职位与高级军阶。当奴隶主赋予奴隶自由之后，他们就成了自由民。受贵族家族大家长保护的自由民被称作"门客"。平民阶级则由不属于任何家族的人组成。

监察官

负责实施普查人口、监察财富和监督公众行为。

市政官

负责视察市场、监督公共典礼。

财务官

负责管理政府收入和开支。

立法大会

即公民大会，他们的用途是选举行政长官。

独裁官

在战争时期，会临时选举出一位拥有独裁权力的行政官，有时他的执政是无期限的。

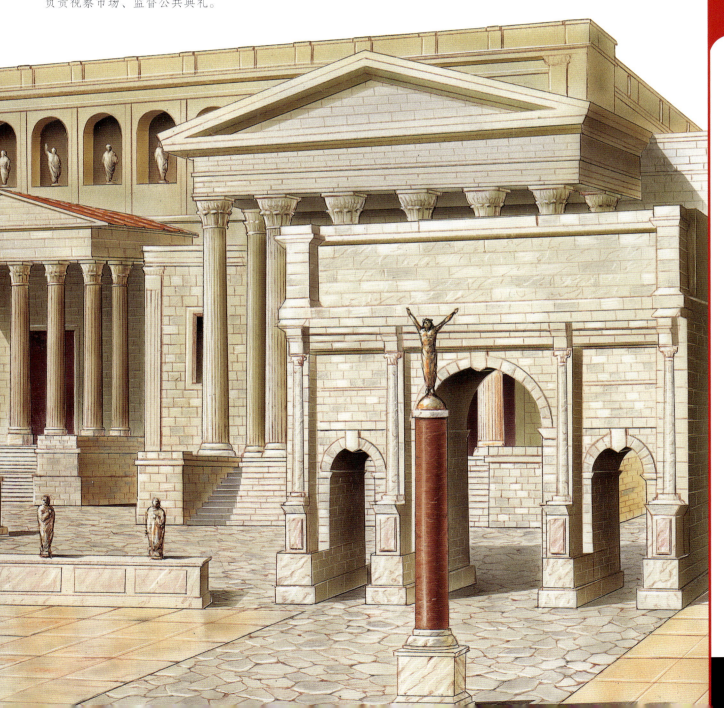

为战争服务

　　罗马军团是什么？它是当时世界上最训练有素的军队的主力，由4个军团组成。每个军团都有超过5,000名士兵，分为10个步兵队。而这10个步兵队又进一步分成6个百人队，由百夫长指挥。军团成员的军事生涯全部从普通的步兵开始。

军团士兵的装备

1 头盔	5 盾
2 标枪	6 束腰外衣
3 盔甲	7 便鞋
4 短剑	

边界线

　　边界线是绵延数百千米长的强化军事路线。

主营

　　军营最主要的建筑都建在中央，包括军事总部、办公区、仓库和神殿。

防御墙

　　防御墙由战壕所包围，有4扇大门：兵营正门、禁卫队门、右中门和左中门。

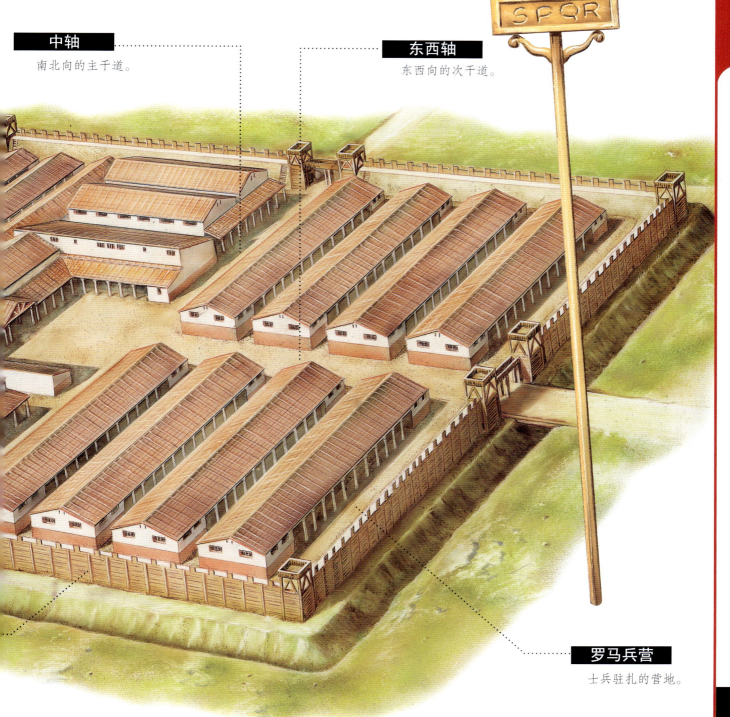

弩炮

罗马人用于投掷巨石的军事设备。

征服地中海的战争

罗马与迦太基之间为了争夺地中海的主权进行了3次战争，最终，罗马人获得了胜利。在长达3年的围城之后，迦太基人被彻底打败，迦太基城被烧为平地。

指挥官

在罗马军队中拥有绝对权威的人。

旗帜

每个军团都有自己的旗帜或徽章，由旗手举着。

中轴

南北向的主干道。

东西轴

东西向的次干道。

罗马兵营

士兵驻扎的营地。

不断征服的民族

　　罗马帝国是罗马人建立的伟大的帝国。从公元前3世纪他们占领了意大利半岛，到公元2世纪帝国的疆土达到最大，在恺撒等军事家和强大军队的帮助下，原本只有7个山丘的罗马成功地控制了从北非到伊比利亚半岛和大不列颠、从大西洋到里海的广大领域。

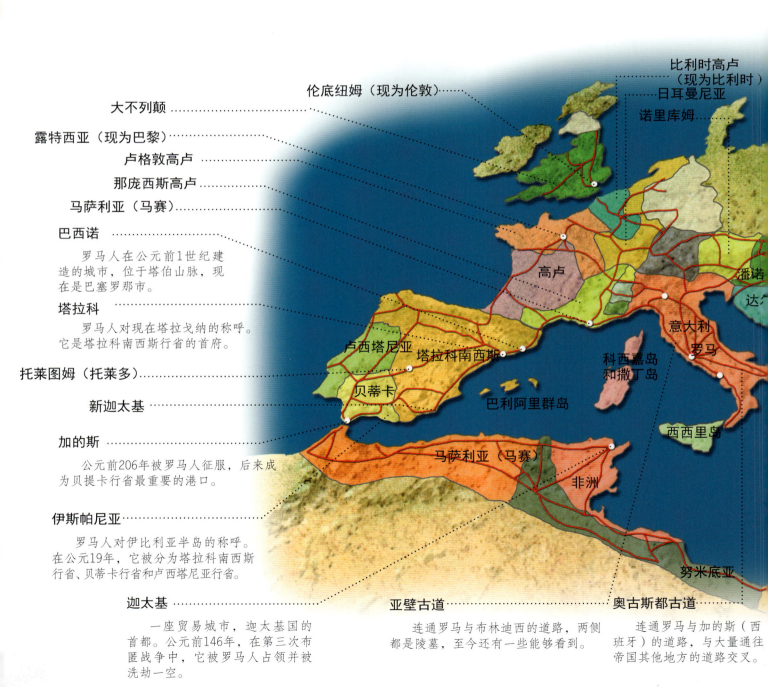

比利时高卢（现为比利时）

日耳曼尼亚

诺里库姆

伦底纽姆（现为伦敦）

大不列颠

露特西亚（现为巴黎）

卢格敦高卢

那庞西斯高卢

马萨利亚（马赛）

潘诺

达

高卢

意大利

罗马

巴西诺
　　罗马人在公元前1世纪建造的城市，位于塔伯山脉，现在是巴塞罗那市。

塔拉科
　　罗马人对现在塔拉戈纳的称呼。它是塔拉科南西斯行省的首府。

卢西塔尼亚

塔拉科南西斯

科西嘉岛和撒丁岛

托莱图姆（托莱多）

新迦太基

贝蒂卡

巴利阿里群岛

西西里岛

加的斯
　　公元前206年被罗马人征服，后来成为贝提卡行省最重要的港口。

马萨利亚（马赛）

非洲

伊斯帕尼亚
　　罗马人对伊比利亚半岛的称呼。在公元19年，它被分为塔拉科南西斯行省、贝蒂卡行省和卢西塔尼亚行省。

努米底亚

迦太基
　　一座贸易城市，迦太基国的首都。公元前146年，在第三次布匿战争中，它被罗马人占领并被洗劫一空。

亚壁古道
　　连通罗马与布林迪西的道路，两侧都是陵墓，至今还有一些能够看到。

奥古斯都古道
　　连通罗马与加的斯（西班牙）的道路，与大量通往帝国其他地方的道路交叉。

罗马儒略历

公元前46年，尤里乌斯·恺撒改革了罗马日历，决定除闰年366天外，每年是365天。我们现在的日历（格雷果里）就是以罗马儒略历为基础，将每年划分为12个月：1月、3月、5月、7月、8月、10月和12月有31天，其他月份有30天，2月有28天或29天（闰年）。

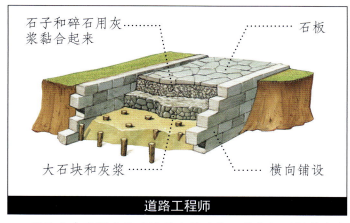

石子和碎石用灰浆黏合起来

石板

大石块和灰浆

横向铺设

道路工程师

罗马人在帝国各处建造了大量公路，他们把石板铺在多层被灰浆黏合在一起的碎石层上，用大石块来保护道路的两侧。

罗马人修建了7600多千米的道路，目的是促进各个行省之间的交流。

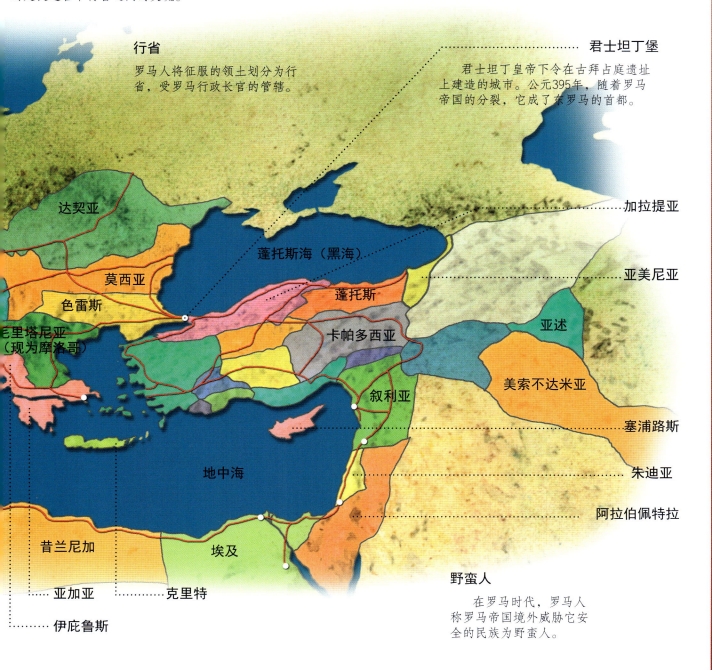

行省

罗马人将征服的领土划分为行省，受罗马行政长官的管辖。

君士坦丁堡

君士坦丁皇帝下令在古拜占庭遗址上建造的城市。公元395年，随着罗马帝国的分裂，它成了东罗马的首都。

达契亚

加拉提亚

莫西亚

色雷斯

蓬托斯海（黑海）

蓬托斯

亚美尼亚

尼里塔尼亚（现为摩洛哥）

卡帕多西亚

亚述

美索不达米亚

叙利亚

塞浦路斯

地中海

朱迪亚

阿拉伯佩特拉

昔兰尼加

埃及

野蛮人

在罗马时代，罗马人称罗马帝国境外威胁它安全的民族为野蛮人。

亚加亚

克里特

伊庇鲁斯

整个帝国的语言

卡斯提尔语、加泰罗尼亚语、加里西亚语、法语和意大利语有什么共同点？答案是：它们都来自同一种语言——拉丁语。拉丁语被传播到罗马的各个行省，影响十分深远，甚至在公元5世纪罗马帝国衰亡后还仍然存在。它逐步演变成罗曼斯语系的其他语言。这种美丽的语言不仅是罗马人交流的媒介，还被用于制定法律，创造了丰富的文学作品，书写了许多哲学、历史学和政治学专著。

铁笔

一种在蜡等软质材料上书写的工具。铁笔很长，一头是尖的，另一头是平板片，用于擦掉书写的东西。

便笺

便笺通常由木板支撑，上面覆有蜡，用铁笔在上面书写。有的便笺上覆有石膏，用芦苇笔和墨水进行书写。

罗马化

罗马人把他们的政治制度、法律、语言和文化强加于帝国的所有领土上。广泛的贸易和通信网络促成了这种罗马化现象。

麦瑟纳斯

麦瑟纳斯是奥古斯都·屋大维皇帝的顾问，他的职责是保护艺术家和作家。西班牙语中的"庇护"（mecenazgo）一词就来自他的名字（Mecenas），意为个人对艺术家们的保护。

文学体裁

罗马作家沿用了希腊人创造和开发的各种体裁：戏剧（普劳图斯）、修辞（西塞罗）、诗歌（维吉尔、奥德罗）、历史（李维）等。

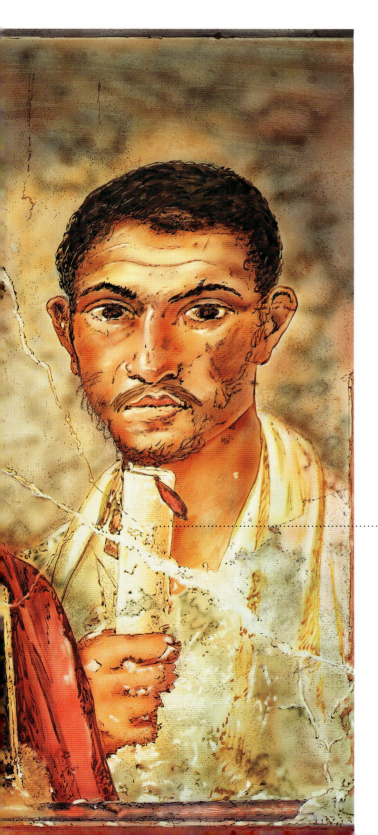

IDALIAELVCOSVBIM FLORIBVSETDVLCIAD IAMQIBATDICTOPAR

大写字母

bcccoc. Inprimir queribi offermir pro & defia mecefra. cecatholica quecmpacifi

小写字母

拉丁字母

罗马人沿用了伊特鲁里亚语的字母。用于书写的材料包括石头、金属、陶瓦、木板、莎草纸等。此外，罗马人的文字有两种形式，选择哪种形式取决于不同的时间和目的。

芦苇笔

带有尖头的芦苇笔是一种书写工具。

卷轴

卷起来的若干张莎草纸或羊皮纸，用于书写连续的分栏文本，这些分栏自上而下依次排列。

树内皮

植物表皮下的纤维，罗马人用它作为书写材料。西班牙语的"书"（libro）就衍生自拉丁文的"树内皮"（liber）。

守护神与官方的神

罗马神话世界里有各种各样的神：家庭守护神、希腊神、拉丁神、神化的君主、东方神明等，围绕着这些神展开了各种崇拜和神话。君士坦丁皇帝和狄奥多西皇帝终结了这种混乱的现象：前者让基督教合法化，后者则让基督教成为国教。

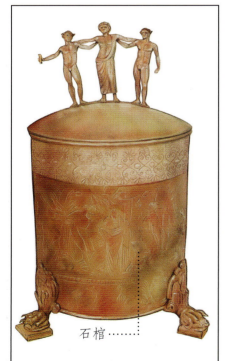

石棺……

丧葬礼仪

罗马人实行土葬和火葬两种丧葬形式。一开始，土葬通常将死者埋在家里或花园里。后来罗马立法，强制将死者埋在城外的公墓里。在火葬中，死者的骨灰被放置在瓮或铜制骨灰盒中（骨灰盒的造型有多种样式）。

墓穴的地下世界

第一批基督教徒遭受到了罗马人的迫害，因为他们信奉异教，反对官方的宗教仪式。地下墓穴是他们的秘密集会场所，许多墓穴的墙壁上都画有祷告的人物和基督教符号，其中也包含基督名字的首字母组合。

亡魂

在罗马家庭中，每个家族都供奉他们的杰出祖先，即"亡魂"，给他们供奉祭品。

珀那特斯

保护家里食物仓库的守护神。

拉列斯

作为家庭守护神，拉列斯保佑家庭、居民以及他们的住宅和财产。

祭坛

大家常常在小祭坛祭祀家庭守护神。

带柱廊的庭院……

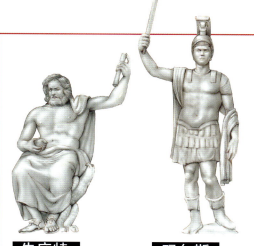

朱庇特

罗马万神殿的主神，统治整个世界。在艺术作品中，他常常坐在黄金宝座上，一手挥舞着闪电，一手拿着权杖。

玛尔斯

战神，朱庇特和朱诺之子。他的形象常常呈现为穿着战服的年轻勇士。

朱诺

朱庇特的姐姐兼妻子，诸神的王后，天空与大地的女主人，王国与帝国的守护者。

密涅瓦

智慧女神，相当于希腊女神雅典娜。密涅瓦从朱庇特的头里生出来，形象是一位战士。

萨图尔努斯

农业之神，时间的象征。他的形象常常呈现为一位老人，一手拿着象征"时间能摧毁一切"的镰刀，一手拿着沙漏。

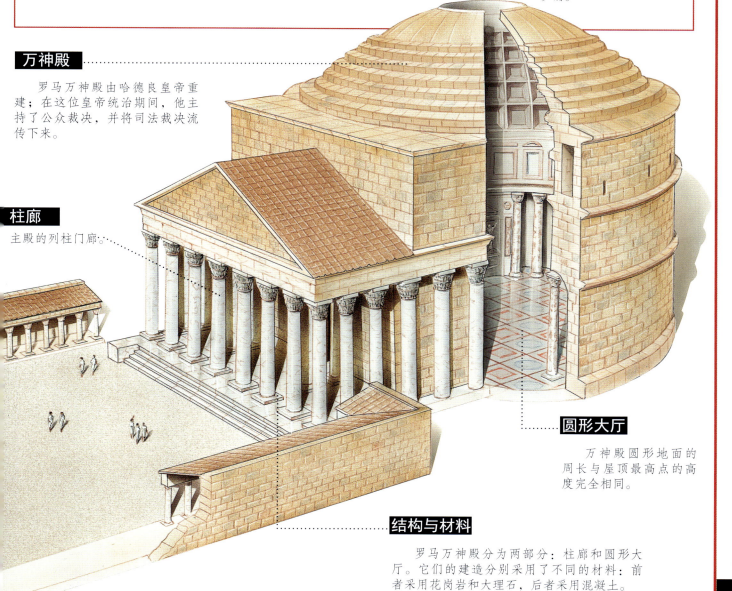

万神殿

罗马万神殿由哈德良皇帝重建；在这位皇帝统治期间，他主持了公众裁决，并将司法裁决流传下来。

柱廊

主殿的列柱门廊。

圆形大厅

万神殿圆形地面的周长与屋顶最高点的高度完全相同。

结构与材料

罗马万神殿分为两部分：柱廊和圆形大厅。它们的建造分别采用了不同的材料：前者采用花岗岩和大理石，后者采用混凝土。

世界上最壮观的表演

　　罗马建筑师是伟大的建造者，他们建造了圆形竞技场、剧院、万神殿、凯旋门等许多市政建筑，罗马竞技场是其中最闪耀的明星。在这座四层高的圆形竞技场中，角斗士、野兽相互搏斗，偶尔还有海战演练。从皇帝到平民，每个人都想观看这些壮观的表演。

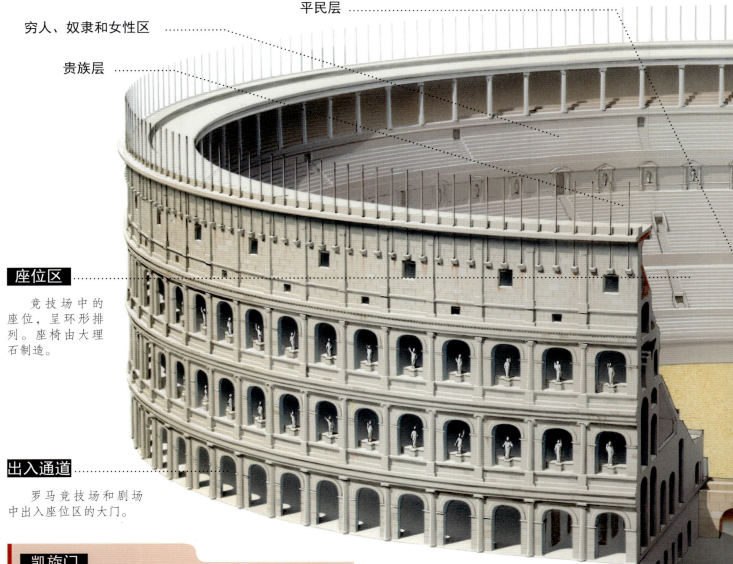

平民层

穷人、奴隶和女性区

贵族层

座位区

　　竞技场中的座位，呈环形排列。座椅由大理石制造。

出入通道

　　罗马竞技场和剧场中出入座位区的大门。

凯旋门

　　这些装饰着精美浮雕的纪念碑是为了庆祝军事胜利而建。凯旋门所描绘的场景通常都讲述了皇帝和军队在征服外族时的胜利片段。

地下区

竞技场的地下区是野兽的牢笼和更衣室。此外，地下还有暗沟和排水沟，在海战演练时能让竞技场充满水。

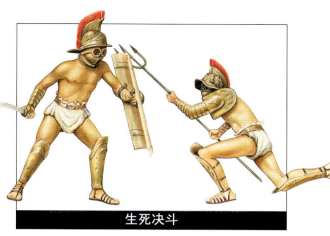

生死决斗

角斗士将进行生死决斗。观众和皇帝将决定受伤战士的命运。皇帝竖起拇指，代表赦免；拇指向下，代表定罪。

贵宾台

专为皇帝或最重要的家族成员所预留的区域。

零排

前几排的座位专为地位显赫的人所预留。

角斗士

职业格斗的战士，在竞技场中成对或成群进行格斗表演。他们通常是奴隶或战争的俘虏。

容量

罗马竞技场最多可容纳50,000多名观众。

遮阳棚

竞技场座位区上方悬挂的遮阳系统，保护观众不受日晒。

执政官与维斯塔贞女的包厢

元老层

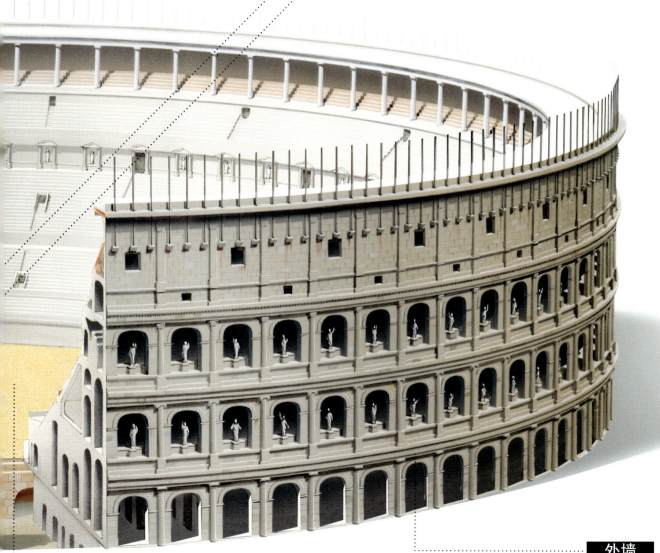

竞技场

罗马竞技场的中央，进行格斗、游戏和演练的区域。罗马竞技场的中央区域接近椭圆形。

外墙

四层高：前3层是拱形展廊，分别装饰着多利安柱式、爱奥尼亚柱式和科林斯柱式；第4层是后来建的。

水道

　　罗马人改进了美索不达米亚人和伊特鲁里亚人的拱门，建造了世界上最伟大的工程之一：罗马水渠。这些拱桥为罗马帝国的各个城市供水，其中最著名的两座是加尔水道桥和塞戈维亚水渠。在水资源稀缺的地区，还有液压系统来开采冰雪融化的水，水库和运河把水推送上坡，不会浪费一滴水。

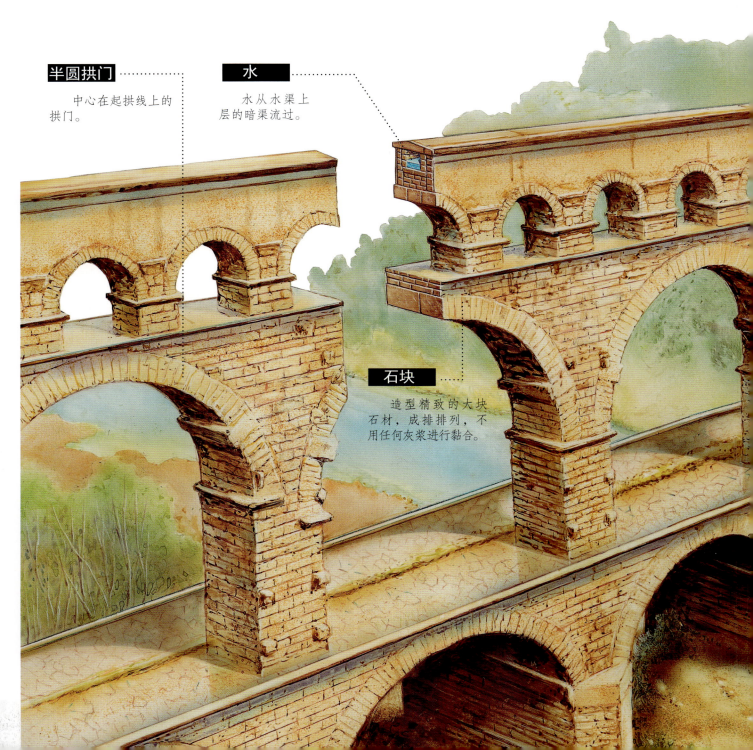

半圆拱门

　　中心在起拱线上的拱门。

水

　　水从水渠上层的暗渠流过。

石块

　　造型精致的大块石材，成排排列，不用任何灰浆进行黏合。

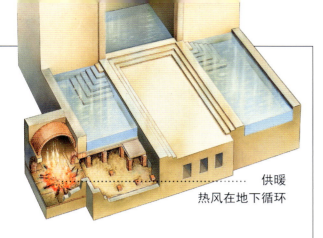

供暖
热风在地下循环

浴场

浴场中设有各种水池，可享受冷水浴、热水浴和蒸汽浴。此外，浴场内还配有单独的温水浴间和露天游泳池。

施工方法

水渠由一系列拱门构成，它们根据地势依次下降。水渠可以有好几层。

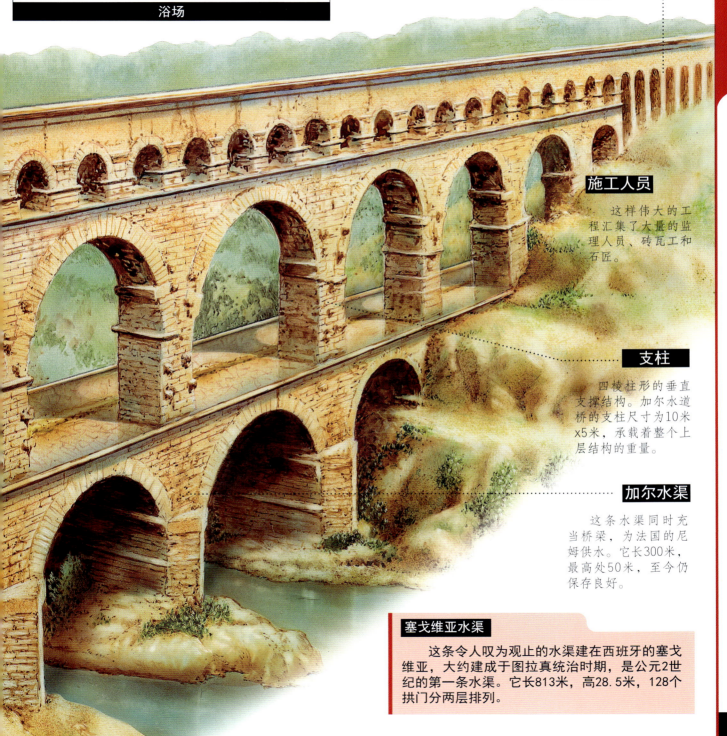

施工人员

这样伟大的工程汇集了大量的监理人员、砖瓦工和石匠。

支柱

四棱柱形的垂直支撑结构。加尔水道桥的支柱尺寸为10米x5米，承载着整个上层结构的重量。

加尔水渠

这条水渠同时充当桥梁，为法国的尼姆供水。它长300米，最高处50米，至今仍保存良好。

塞戈维亚水渠

这条令人叹为观止的水渠建在西班牙的塞戈维亚，大约建成于图拉真统治时期，是公元2世纪的第一条水渠。它长813米，高28.5米，128个拱门分两层排列。

舒适至上

罗马人通常住在漂亮的伊特鲁里亚风格住宅里，主屋围绕着中庭而建。但是，由于空间的稀缺和房屋造价的上涨，大城市里出现了许多几层高的公寓楼。与之相反，贵族阶级和富有的家族常常在远离喧嚣都市的地方建造第二个家，即别墅。

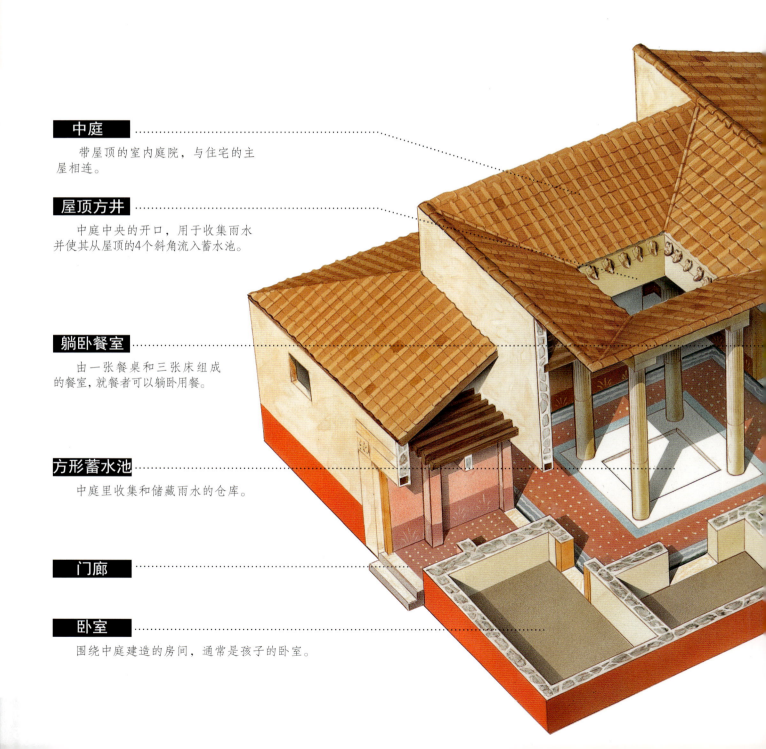

中庭

带屋顶的室内庭院，与住宅的主屋相连。

屋顶方井

中庭中央的开口，用于收集雨水并使其从屋顶的4个斜角流入蓄水池。

躺卧餐室

由一张餐桌和三张床组成的餐室，就餐者可以躺卧用餐。

方形蓄水池

中庭里收集和储藏雨水的仓库。

门廊

卧室

围绕中庭建造的房间，通常是孩子的卧室。

住宅

在罗马等大城市，公寓楼通常围绕着一个中央庭院，由砖块和木梁建成，它们的高度可达5层楼。通常，一楼是酒馆或各种商店。

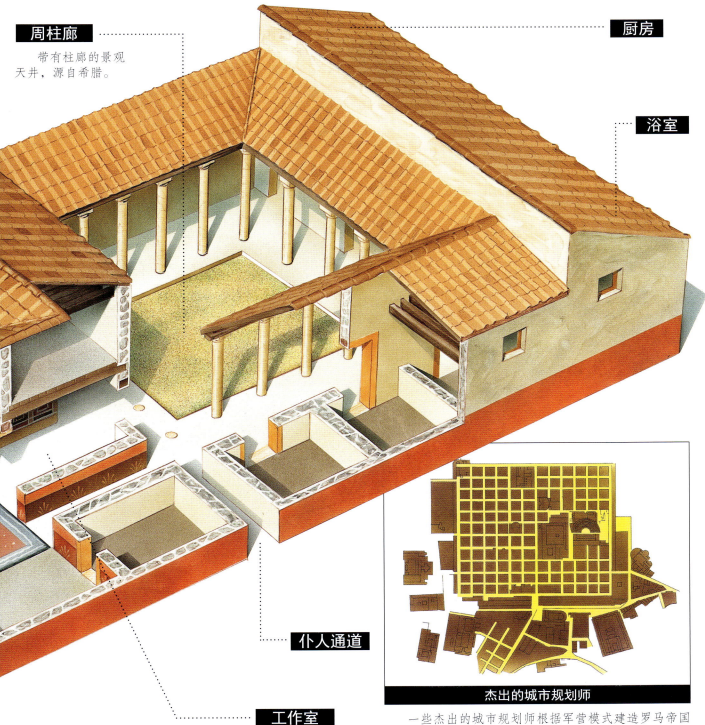

周柱廊

带有柱廊的景观天井，源自希腊。

厨房

浴室

仆人通道

工作室

最早是屋主的卧室，后来则演变为办公室或客厅。

杰出的城市规划师

一些杰出的城市规划师根据军营模式建造罗马帝国的新城市。两条主要街道分别为南北向和东西向，它们呈直角交叉。广场建在两条主干道的交叉路口，四周环绕着最重要的公共建筑。

在维苏威火山的熔岩之下

公元79年8月29日，可怕的灾难降临了：维苏威火山爆发，把整个庞贝城和它的居民都埋在了厚厚的火山灰和熔岩之下，居民们根本没有时间逃离。数百年后，考古学家在熔岩下发现了几乎完整无缺的城市，包括住宅、酒馆、广场、寺庙、竞技场和别墅。特别是住宅里的装饰，人们让美术专家对罗马壁画进行了研究，把罗马壁画分成了4种风格或4个时期。

维苏威火山

距离那不勒斯12千米远的活火山。公元79年的爆发掩埋了庞贝城、赫库兰尼姆城和斯塔比亚城。维苏威火山最近一次爆发是1994年。

老普林尼

一位埋葬在斯塔比亚城的拉丁作家和科学家，遇难前，他刚搬到斯塔比亚城，准备近距离研究火山爆发。

从乡村农庄到夏日别墅

最初，罗马别墅的建筑结构与住宅相似，位于农场的中央位置。后来，一些别墅变成了夏日避暑别墅，随后又逐渐演变成豪华住宅。这些豪宅四周环绕着花园，屋内装饰着名画和马赛克。

马赛克

在罗马时代，用马赛克装饰地面和墙壁获得了重大的发展。当时主要有两种基本技巧：棋盘纹样工艺和蠕虫状纹样工艺。前者的马赛克由1厘米长的小方块构成；后者则使用4毫米的小块瓷砖。

赫库兰尼姆城

在这座同样埋葬于维苏威火山熔岩之下的城市，考古学家发现了一个拥有1,800多本藏书的图书馆。

庞贝城

罗马的一座古城，总人口25,000人，是通往内陆殖民地的门户，许多富有的罗马人在这里有第二住所。

第一风格

又称为镶嵌风格或结构风格，因为它模仿了大理石板和列柱的效果。

第二风格

又称为建筑结构风格，因为它融入了建筑元素，具有一定的组合透视效果。

第三风格

又称为装潢风格，因为它再现了华丽的建筑和假透视效果。

第四风格

最后一种风格更加华丽，经常再现场景。它在建筑布置中融入了静物和海景。

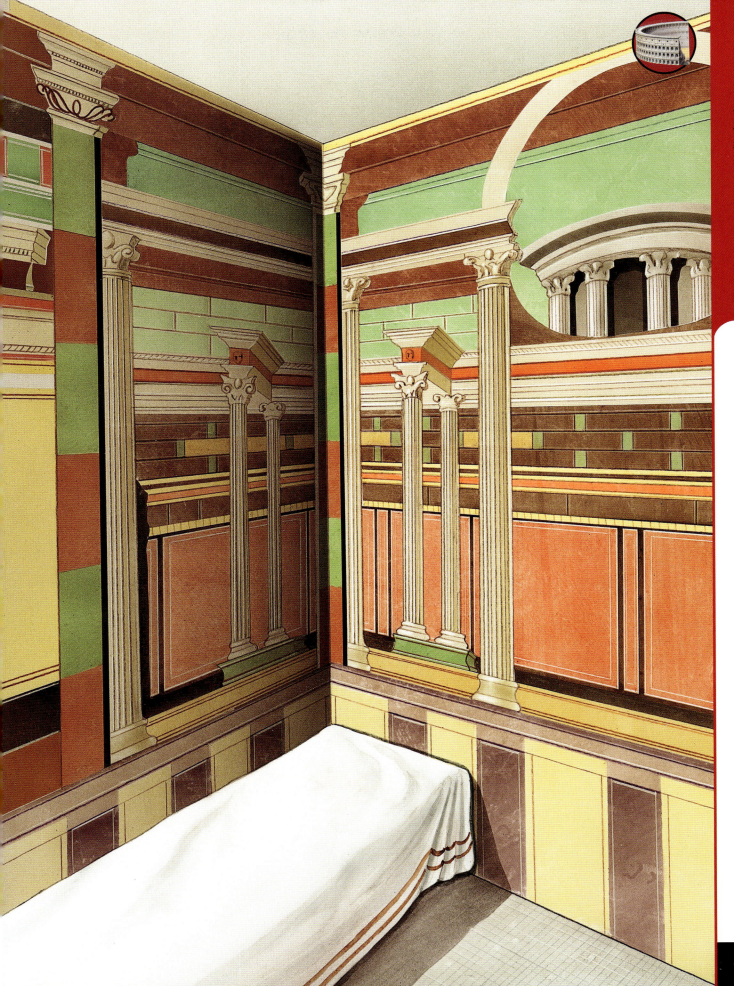

一个伟大的帝国，一部伟大的法典

你知道吗？即使在今天，罗马法典仍是法官的重要参考，法学院也还作为重要课程之一。在公元5世纪中期，10人共同编纂了这部法典，在那之前，法典没有文字记录，而是口口相传。法典被书写在12块石碑上，在广场上向全体公民展示。长方形会堂常被用作法院或公民呈递法律诉讼的场所。

货币

与法典一样，罗马的货币制度也是整个帝国罗马化的决定因素。由铸币厂制作的硬币上带有皇帝的肖像。最值钱的是奥里斯金币和迪纳里斯银币。

迪森维尔

编纂罗马法典的10名裁判官被授予"迪森维尔"的称号。

不成文法

由未被书写下来的法律组成，约定俗成，靠口述在世代相传。

成文法

解释成文法是裁判官作为法官时的职责。

法学

法学描述了成文法的可能解释。

法学家

授权解释成文法的人，他们的决定将被应用在以后相似的案件中。

罗马会堂

第一批长方形会堂是宏伟的长方形大厅，被列柱或飞檐分成中殿和后殿（后殿可能在会堂的一端，也可能两端都有）。它们被用作法院、市场或集会厅。随着基督教的出现，它们被改造成为基督教的服务场所。

卡拉卡拉的改革

公元212年，卡拉卡拉皇帝将公民法的适用范围扩展到帝国的所有居民，这样一来，罗马行省的所有居民都受同一部法律裁决。

公法

规定与国家权力相关的公民行为。

私法

为公民之间的事务和合法要求定下秩序。

重建的罗马会堂

森布罗尼亚、波西亚、奥皮尼亚和艾米利亚

共和时代建在卡匹托尔山脚下的第一批长方形会堂的名字。

术语表

容量	剧院或竞技场可容纳的座位数或观众数。
灰浆	石灰、沙子和水的混合物，用于砌砖。
中轴	罗马军营或罗马城市的南北向主干道。
地下墓穴	罗马的犹太人和基督教徒用作墓地的地下通廊。
铸币厂	铸造罗马硬币的场所。

东西轴	罗马军营或罗马城市的东西向主干道。
罗马广场	城市的市政中心，通常位于两条主干道的交叉路口。广场周围建造着城市政府的主要建筑。
火葬	对尸体的火化。
土葬	对尸体的埋葬。
群屋	城市中聚集在一起的公寓楼或住宅群。
浴场	公共洗浴设施。

大事年表

公元前753年	王政时代开始 罗马建立
公元前509年	伊特鲁里亚人被驱逐出罗马 共和时代开始
公元前264年—公元前241年	第一次布匿战争
公元前218年—公元前201年	第二次布匿战争
公元前199年	入侵马其顿王国
公元前149年—公元前146年	第三次布匿战争
公元前88年	建筑师、专著作家维特鲁威诞生
公元前59年	尤里乌斯•恺撒被任命为执政官
公元前58年—公元前51年	恺撒征服高卢
公元前46年—公元前44年	恺撒独裁时期
公元前30年	安东尼与克里奥佩拉特死亡
公元前27年	屋大维被授予"奥古斯都"称号
公元前23年	奥古斯都•屋大维执掌罗马帝国
约公元前15年	巴西诺（巴塞罗那）建立
公元前12年	奥古斯都获封大祭司长
公元14年	提比略皇帝即位
公元37年	卡里古拉皇帝即位
公元41年	克劳狄一世皇帝即位
公元54年	尼禄皇帝即位

公元64年	罗马大火
公元69年	维斯帕先皇帝即位 开始修建罗马竞技场
公元79年	维苏威火山爆发 庞贝城、赫库兰尼姆城和斯塔比亚城被摧毁 提图斯皇帝即位
公元81年	图密善皇帝即位
公元98年	图拉真皇帝即位
公元117年	哈德良皇帝即位
公元118年—公元125年	修建罗马万神殿
公元161年	奥里略皇帝即位
公元193年	塞维鲁皇帝即位
公元212年	卡拉卡拉皇帝（安东尼纳斯）即位
公元284年	戴克里先皇帝和马克西米安皇帝即位
公元307年	君士坦丁皇帝和马克森提皇帝即位
公元379年	狄奥多西皇帝即位
公元391年	基督教变成国教
公元410年	罗马灭亡

主要人物表

尤里乌斯·恺撒 公元前1世纪伟大的罗马政治家，他与庞培、克拉苏共同组成了三人执政团。他在公元前58年至公元前51年之间征服了高卢，获得了声望和荣耀。他带领军队跨过卢比肯河，向罗马进军，引发了庞培与元老院之间的战争。公元前44年，他成为执政官和罗马的终身独裁官。同年，他被元老院阴谋刺杀。

奥古斯都·屋大维 恺撒的侄孙，罗马皇帝。被授予"奥古斯都"称号之后，他获得了原本由不同司法部门所共享的全部权力。在征服了伊比利亚半岛之后，罗马帝国的边境线到达了多瑙河。死后，他被授予"大祭司"的称号，并被"封神"。

卡里古拉 罗马皇帝，受精神疾病折磨，变成了暴君，实施残暴统治，直至公元41年去世。

克劳狄一世 文化修养高，但性格懦弱，公元41年至公元54年之间在位。他的第二任妻子阿格里皮娜毒杀了他。

尼禄 被克劳狄一世皇帝所收养，并继承了他的皇位。尼禄对基督教徒进行了第一次大迫害，指控他们在公元64年对罗马纵火。4年后，尼禄自杀，终结了以恐怖和阴谋为标志的政权。

图拉真 出生于伊比利亚半岛，统治时间为公元98年至公元117年。在统治期间，图拉真对抗了帕提亚人，将帝国的边境拓展到了阿拉伯半岛、亚美尼亚和美索不达米亚。他下令建造了无数纪念碑和工程项目，其中以他名字命名的图拉真广场最为著名。

哈德良 图拉真的继承者，统一了立法，通过在边境建造防御工事成功抵御了野蛮人的入侵。他下令在罗马近郊建造了一座以他名字命名的别墅。公元134年，他下令在耶路撒冷建造朱庇特神庙，这激起了犹太人的叛乱。

卡拉卡拉（安东尼纳斯） 这位皇帝颁布了把公民权拓展到整个帝国居民身上的法令，并且在罗马建造了以他名字命名的卡拉卡拉浴场。在前往对抗帕提亚人的路上，他被刺杀在底格里斯河附近。

戴克里先 公元284年即位，9年后，戴克里先建立了四帝共治制，目的是更好地保卫罗马帝国。此外，他还颁布了涉及行政、军事和司法的全方面改革。公元303年，他下令对基督教和其他不接受罗马帝国绝对神权的教派进行迫害。

君士坦丁 这位皇帝在公元313年颁布了宗教自由的法令，并且在古拜占庭的遗址上建立了君士坦丁城。

狄奥多西 又称狄奥多西大帝，他让基督教成了罗马帝国的官方宗教，迫害异教徒。他死后，罗马帝国被分给了他的两个儿子——霍诺里乌斯和阿卡狄奥斯。

Original Spanish title: GRANDES VIVILIZACIONES-ROMA
Text: Eva Bargalló
Illustrator: Estudio Marcel Socías
©Copyright 2016 Parramon Paidotribo-World Rights
Published by Parramon Paidotribo, S.L., Badalona, Spain
©Copyright of this edition: LIAONING SCIENCE AND TECHNOLOGY
PUBLISHING HOUSE LIMITED.
©2017，简体中文版权归辽宁科学技术出版社所有。
本书由Parramon Paidotribo授权辽宁科学技术出版社在中国出版中文简体
字版本。著作权合同登记号：第06-2016-54号。

图书在版编目（CIP）数据

角斗士的战争 / (西) 伊娃·巴尔加略著；常文心译. —沈阳：辽宁
科学技术出版社, 2017.1
（AR超级看）
ISBN 978-7-5381-9910-9

Ⅰ.①角… Ⅱ.①伊… ②常… Ⅲ.①古罗马—历史—青少年读物
Ⅳ.①K126-49

中国版本图书馆CIP数据核字(2016)第190549号

出版发行：辽宁科学技术出版社
　　　　　（地址：沈阳市和平区十一纬路25号　邮编：110003）
印　刷　者：鹤山雅图仕印刷有限公司
经　销　者：各地新华书店
幅面尺寸：210mm×275mm
印　　张：2
插　　页：4
字　　数：80千字
出版时间：2017年1月第1版
印刷时间：2017年1月第1次印刷
责任编辑：姜　璐
封面设计：许琳娜
版式设计：许琳娜
责任校对：徐　跃

书　　号：ISBN 978-7-5381-9910-9
定　　价：48.00元

投稿热线：024-23284062　1187962917@qq.com
邮购热线：024-23284502